L'ESPAGNE

EN OCTOBRE 1841.

PRIX : 1 FRANC.

PARIS,

IMPRIMERIE DE E. BRIERE, RUE SAINTE-ANNE, 55.

1841.

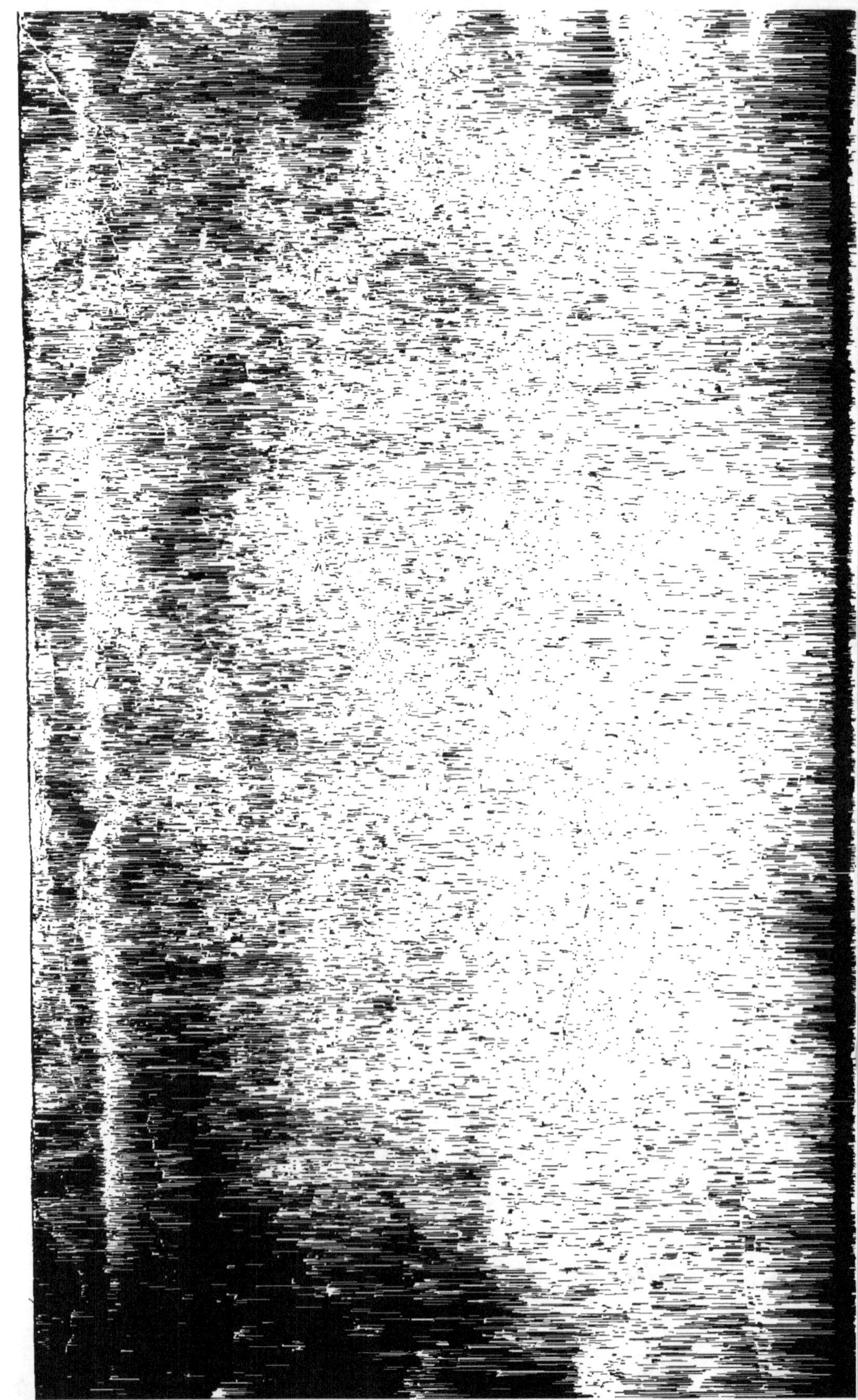

L'ESPAGNE

EN OCTOBRE 1841.

Les événemens se sont succédé avec tant de rapidité en Espagne, qu'ils ont devancé toute attente. — Nous livrons néanmoins à la publicité nos observations, telles que la nouvelle crise nous les avait suggérées : heureux de voir que nos prévisions n'ont pas été démenties par les faits. — Du reste, les partis sont vaincus, mais non pas étouffés : en conséquence, ce que nous allons dire trouvera encore sa place.

Il est cependant à désirer, pour le bien de l'Espagne, qu'on n'ait plus à revenir sur ce triste sujet de guerre civile, qui trop souvent nous occupe.

23 octobre 1841.

L'ESPAGNE

EN OCTOBRE 1841.

La guerre civile se rallume en Espagne. — O'Donnell a arboré l'étendard de la révolte à Pampelune. — Pourquoi, et dans quel but? — Ecoutons-le lui-même.

Dans une proclamation datée du soi-disant quartier-général de Pampelune, le 2 octobre, il annonce aux soldats révoltés, que « l'auguste princesse qui préféra à
» Valence un honorable exil, plutôt que de violer la cons-
» titution de 1837, la mère de la reine, allait rentrer en
» Espagne. —Vainement, dit-il, *un homme ingrat*, allié à
» ce que la révolution produisit de *plus immonde*, a voulu
» se substituer à l'illustre Christine. C'était impossible.
» Vous avez été témoin pendant un an de *son odieuse*
» *tyrannie*. — *Incapable de gouverner la nation, faible en face*
» *de l'étranger, ingrat envers l'armée* dont il n'épargna pas
» le sang pour s'élever, vous l'avez vu autoriser au sein
» de *l'Espagne scandalisée, les actes les plus despotiques et les*

» *plus immoraux;* tandis que lacérant la constitution
» qu'ils avaient jurée, la révolution et son chef arra-
» chaient à une mère jusqu'à la consolation d'élever, par
» elle-même, dans l'amour du peuple, ses *filles qu'elle*
» *aime avec idolâtrie;* cette même révolution et ce même
» général laissaient fouler aux pieds à Carthagène le dra-
» peau national. — Après avoir déclaré que *la vie même*
» *de la reine* et *celle de l'infante, sa sœur, sont en péril,*
» O'Donnell annonce ouvertement que l'auguste reine
» gouvernante, à qui la trahison d'un ambitieux *arracha*
» *pour un temps la régence,* revient en Espagne pour ré-
» clamer *le dépôt sacré que la patrie lui avait confié* par l'or-
» gane des cortès constituantes. »

Dans une autre proclamation du même jour, adressées
aux habitans de la Navarre et des provinces basques,
O'Donnell leur rappelle « que la parole solennelle du chef
» des armées qui leur avait été donnée à la fin de la
» guerre civile dans les champs de Bergara, sous les
» auspices de l'illustre Christine, avait été violée; que
» ce même général Espartero, qui les avait hypocrite-
» ment embrassés, avait trompé la mère de sa reine, et
» compromis la nation espagnole; *s'était emparé traîtreu-*
» *sement de la régence* du royaume; avait anéanti *de fait*
» les *fueros,* et finirait par les ravir tout-à-fait sous le
» plus léger prétexte. — Les lois les plus sacrées de
» l'État,—c'est toujours O'Donnel qui parle,—ont été
» violées, *la religion de leurs pères a été effrontément attaquée*
» par cet homme *fourbe et traître,* qui n'attend plus que
» du hasard l'occasion *de renverser du trône de leurs aïeux*
» les innocentes enfans qui gênent son ambition.—Sous
» le gouvernement de la reine Marie-Christine de Bour-
» bon qui va rentrer en Espagne, O'Donnell leur promet
» que *les fueros seront intégralement conservés,* le sort du

» respectable clergé à qui l'on prétend arracher *révolu-*
» *tionnairement* les biens qui lui appartiennent de droit,
» sera assuré comme il doit l'être dans un pays éminem-
» ment catholique, et les ministres du Seigneur conser-
» veront la dignité attachée au culte de l'Éternel. »

Telles sont en définitive les déclarations et les pro-
messes, qu'O'Donnell fait aux insurgés, comme s'étant
chargé *au nom de Sa Majesté et jusqu'à son arrivée* du commandement des provinces vasco-navarraises, en qualité
de lieutenant-général, vice-roi et capitaine-général par
intérim de la Navarre et des provinces basques.

Après des proclamations si explicites et si positives,
doute qui voudra, que Marie-Christine ne soit pour rien
dans cette entreprise, et qu'au contraire elle ne soit le
chef véritable et avoué de l'insurrection militaire, qui
vient d'éclater en Espagne. — Si toutes les menées, les
corruptions et les intrigues qui depuis quelque temps
sillonnent l'Espagne d'un bout à l'autre, dans l'armée et
dans le peuple pour renverser le gouvernement actuel, ne
se font pas d'après le consentement et l'approbation de
Marie-Christine, nous serions tentés de demander : pourquoi ne désavoue-t-elle pas tout ce que l'on dit et que l'on
fait en Espagne depuis le 2 octobre? — Si cette reine,
qu'on appelle la *mère des Espagnols*, laissait continuer en
son nom et à son profit les tristes scènes meurtrières,
qui recommencent à désoler ce pays si malheureux entre les régions de la terre, nous pourrions proclamer
hautement et sans réserve que voilà bien une mère dé-
naturée et cruelle, qui laisse égorger ses enfans par leurs
frères, et ne dit pas : — Arrêtez, remettez l'épée dans le
fourreau; paix entre mes fils; réconciliation entre les
frères !

Mais malheureusement les paroles cèdent aux faits, et

tout ce qui se passe en Espagne et à Paris, prouve, jusqu'à la dernière évidence, que Marie-Christine est le moteur et le chef réel de la révolte. Et encore, c'est à son profit qu'elle s'opère ! — Le général O'Donnel, *cet esprit grave et réfléchi*, n'aurait pas osé se proclamer *vice-roi de Navarre par intérim jusqu'à la rentrée de Sa Majesté en Espagne*, si Sa Majesté ne l'y eût autorisé, et sans être désavoué, s'il ne l'eût pas été. — C'est un dilemme posé d'après les principes de la plus saine logique. — Nous savons bien que Marie-Christine n'a pas encore prononcé *officiellement* son oracle ; que peut-être on se dispose dans l'hôtel de Courcelles à faire double face, selon que *le fidèle O'Donnell* ou *le traître Espartero* aura vu briller l'étoile de la fortune. — Le courage et la loyauté de regarder le danger en face, sont bien plus rares qu'on ne le pense. — Cependant, les manifestations actuelles constituent une preuve absolue qui ne pourrait être détruite par de simples protestations officielles.

C'est donc au nom et au profit de Christine que les bras fratricides sont levés en Espagne ; c'est au nom et au profit d'une mère que ses enfans se déchirent les entrailles. — Certes, la cause du peuple y est mentionnée pour quelque chose ; mais son rôle ne sera que subalterne. — Il s'agit de savoir *qui* doit commander, et non pas *comment* et *pourquoi*...

L'Espagne est une preuve vivante, et nous le voyons, hélas ! que la Providence punit les crimes des pères jusque dans leurs arrière-petits-fils ; les flammes, qui jadis s'élevèrent des bûchers sur lesquels, au nom d'une religion de paix et de bonté, on immolait par milliers les victimes innocentes d'une conviction religieuse, rallument sans cesse la guerre civile sous le prétexte trop souvent hypocrite de défendre le culte du Dieu vivant. — Mais ce

Dieu vivant que vous invoquez, attend une hostie de paix, et vous lui préparez des victimes sanglantes!.... Une lourde et sombre fatalité pèse sur ce malheureux pays, qui n'a pas encore assez expié les crimes d'un Philippe II et de ses Albe, qui, comme des astres funestes, ont brillé sur l'Espagne d'une lueur sombre et sinistre. — Une solidarité incompréhensible, mais qu'on ne saurait nier à l'évidence de l'histoire, rallie entre elles les générations passées et les générations futures : malheur aux pères, malheur aux fils, qui doivent répondre les uns pour les autres de la violation des droits de l'humanité et de la justice !

Depuis quelques jours, les journaux parisiens s'évertuent à discuter sur les personnes ; l'un appuyant Espartero, l'autre faisant la cour à Christine ; on ne parle presque pas de l'Espagne. — On passe en revue les phases les plus saillantes de la vie de l'une et de l'autre, selon que la fantaisie de l'écrivain et l'esprit anecdotique s'y complaisent davantage. Quant au bonheur national, s'il y trouve une place, elle est bien resserrée et bien petite.— Les deux partis extrêmes ont leurs coryphées dans les deux génies incarnés du mouvement et de la résistance ; nous voulons dire, le *National* et la *Presse* ; mais, malheureusement pour la juste appréciation des faits qui se déroulent sous nos yeux, ils en font, comme toujours, une question de personnes, une question de partis : de là les calomnies et les mensonges sans nombre que les adversaires se débitent à la légère sur le compte des cliens qu'ils défendent ; lisez et vous trouverez que c'est vraiment épouvantable ; à peine s'il y a une ligne pour la vérité et pour la justice.—'A une idéalité représentée par des individus, on sacrifie les masses ; pour obtenir le triomphe d'Espartero ou de Christine, embrasez l'Espagne tout entière, sacrifiez les multitudes aux unités; donnez-nous un homme pour chaque millier d'hommes. — Le bien ou le mal ce n'est pas *l'œuvre*, c'est *l'auteur*.

A quoi bon tout cela? — L'expérience, l'histoire, cette *magistra rerum*, comme l'orateur romain l'appelle, a-t-elle démontré jusqu'ici si à Christine, plutôt qu'à Espartero, était réservée la mission de pacifier l'Espagne, et de la rendre heureuse et tranquille? A qui appartenait *exclusivement* la vocation de bien faire? Vous voulez que l'on fasse, et vous ne laissez pas faire : ce qui était bon hier, on le détruit aujourd'hui comme mauvais; le doute et l'incertitude règnent partout. — Et puis, on calomnie les hommes, on les dénigre, on les insulte, on les abreuve d'infamies et d'opprobres, et on leur dit : faites bien.

O triste nécessité des choses humaines! On a derrière soi les oracles accomplis du passé : on a devant soi les incertitudes de l'avenir : on a sous la main une réalité acceptable : eh bien! plutôt que d'attendre le souffle régulier des vents favorables, on conjure en temps de calme l'orage, pour qu'il vous fasse naviguer plus vite sur l'abîme — qui pourrait vous engloutir.

La presse quotidienne présente, à-propos des affaires d'Espagne, un aspect et une tendance tout-à-fait remarquables. — Tandis que les journaux ministériels et conservateurs, — les *Débats* et la *Presse* — laissent voir une approbation marquée, et une joie, — laquelle, s'il ne s'agissait pas de journaux aussi graves et aussi sévères, on pourrait appeler folle, — pour la réussite de la révolte navarraise; les journaux de l'extrême gauche, au contraire, — le *National* et le *Commerce*, — n'omettent rien pour flétrir cette même révolte navarraise, qui n'a d'autre but que d'étouffer la révolte par la révolte. — Ces journaux, comme il est facile de le voir, se trouvent momen-

tanément placés sur un faux terrain, et sont, sans doute,
en contradiction avec leurs idées et leurs principes; cependant ils n'en obéissent pas moins aux penchans et aux
intérêts qu'on leur connaît. — Les *Débats* et la *Presse* professent des doctrines éminemment conservatrices, et pourtant prêchent à gorge déployée la sainteté et la légitimité
de l'insurrection militaire qui vient d'éclater en Espagne
à la lueur de la mêche de Pampelune. — Le *National* et
le *Commerce* professent des doctrines éminemment radicales, nous ne voulons pas dire révolutionnaires, et pourtant ne trouvent pas de mots assez énergiques pour condamner comme indigne et illégale cette révolte. — Or,
comment se fait-il que ces journaux, — les puritains de
leurs principes, — descendent et se rencontrent sur un
terrain qui n'est pas le leur, et veulent bien échanger
leurs coups, là où ils n'auraient jemais dû se rencontrer?
Voulez-vous savoir pourquoi? C'est parce qu'on renonce
souvent à ses idées et à ses principes; à ses penchans, à
ses intérêts : jamais... — En politique, on fait toujours
passer ceux-ci avant les autres. — La *Presse*, et nous
nous garderons bien de dire qu'elle a tort, ne trouve pas
que l'on puisse assez condamner *les révolutionnaires* qui
troublent l'ordre politique *établi* et *reconnu*, lorsque les
révolutions s'opèrent contre ses penchans et ses intérêts
politiques, sauf, dans le cas contraire, à les trouver fort
louables, parce qu'elles flattent l'égoïsme de sa politique.
De même, le *National* qui proclame des principes assez
larges en fait d'émeutes et de révoltes, lorsqu'elles s'opèrent dans la sphère de ses intérêts et de ses tendances,
ne trouve pas d'expressions assez fortes contre une révolte, dont le but avoué est de comprimer les élans arbi-
traires et anarchiques d'un pouvoir que cette révolte
appelle révolutionnaire.

Il paraît que tous ces journaux, quoique contraires dans leurs principes, ne le sont pas de même, et tant s'en faut, dans leurs applications pratiques aux cas spéciaux, puisqu'ils donnent pour résultat de leurs discussions que, si une révolution vous convient, on doit l'applaudir et l'appuyer ; si elle ne vous convient pas, il faut la flétrir, il faut l'écraser ; si en l'appuyant, ou en l'écrasant, on détruit en même temps le bien-être d'une nation tout entière, c'est une autre affaire, qui ne figure que comme accessoire sans importance. — L'humanité et la justice poussent des cris : on ne les écoute pas. — Il y a plus : s'il s'agissait d'un mouvement militaire et politique, qui éclatât parmi vous, vous pourriez être, oui ou non, conséquens avec vous-mêmes, sans avoir a en rendre compte qu'à l'opinion publique ou devant le jury ; mais il s'agit ici d'une révolution qui s'opère à l'étranger : voilà ce qui rend vos thèses plus absurdes. — Vous ne jugez pas de la révolte espagnole d'après la justice et la convenance nationales ; vous la jugez, comme vous le dites, du point de vue de l'intérêt français et *pour lui seul.* — C'est très-bien pour vous, assurément, mais ce n'est pas du tout obligatoire pour la nation espagnole. — Or, nous qui voulons le bien de l'humanité avant tout, comme source du bonheur des nations, nous sommes d'avis qu'en bonne politique, nul jugement n'est vrai, s'il ne prend son essor des *intérêts nationaux qui sont en cause.* — Si l'on agissait toujours d'après ce principe, la politique et la moralité, le bien-être de l'humanité et celui des nations, ne se trouveraient pas si souvent aux prises. — Chacun est maître chez soi, et Dieu veille pour tous.

Du reste, pour les conservateurs surtout, c'est un exemple bien dangereux, que celui de se laisser aller à faire bonne mine à une révolution quelconque, et de préférence à une sédition militaire. — Jusqu'ici la révolte espagnole n'a pas d'autre dénomination possible. C'est un argument périlleux , une arme tranchante que vous offrez à vos adversaires, lorsqu'un beau jour il leur plaira de se souvenir que vous-mêmes, comme eux, vous êtes issus d'une révolution armée. — D'une seule fois, vous admettez *à priori* la justice implicite d'une révolte insurrectionnelle, il faudra bien qu'un jour vous soyez disposés à voir rétorquer votre argumentation contre vous. — Et que répondrez-vous ? Vous direz, peut-être, que vous avez de votre côté une irrécusable légalité : croyez-vous que vos adversaires ne penseront pas de même pour leur compte? Qui sera juge entre vous ? — Heureux le plus fort, parce qu'il aura un jugement favorable !

Avant d'envisager de plus près le sujet qui nous occupe, il faudra que nous posions les principes qui doivent régir selon nous la thèse très-délicate et très-douteuse des révolutions politiques opérées par la force civile ou militaire. — Dans le sens généralement adopté, nous disons qu'uue révolution s'opère, lorsqu'en dehors des moyens moraux ou matériels employés par le gouvernement de fait, une masse considérable de citoyens parvient par l'usage de la force à lui arracher des mesures quelconques, ou même à la renverser et à substituer un autre pouvoir au sien.

Or, on se demande, quand une révolution sera-t-elle juste, quand, par conséquent, sera-t-elle permise? En d'autres termes, quels sont les élémens pour qu'une révolution constitue un droit, un état de légalité pour la fraction sociale qui l'opère ?

En principe, et en face des lois éternelles de la morale universelle , nulle révolution ne saurait être déclarée juste et légitime. — L'emploi de la force aggressive contre un gouvernement établi n'est jamais tolérable, et si, par supposition, on pouvait parfois croire à un tel droit, on devrait lui appliquer à juste raison l'axiome légal : *summum jus summa injuria.* — Il n'y a peut-être, et nous le disons encore à regret, que la résistance passive ou défensive qui puisse, en certains cas, être regardée comme admissible. — Croire que les membres d'une société puissent de par eux-mêmes se faire justice contre l'autorité gouvernementale, toutes les fois qu'ils se figurent en avoir le droit, c'est bouleverser la base la plus solide de toute constitution politique; c'est reconnaître implicitement l'emploi de la force comme mesure réparatrice du droit contre le droit, par ceux-là mêmes auxquels un devoir rigoureux de justice impose l'obéissance. — Autorité et obéissance, sont les deux forces morales, l'une active et l'autre passive, qui régissent le corps politique, et maintiennent la force vitale et motrice de toute association civile. — Donc, en principe et en théorie, le droit de révolution n'existe pour personne : il n'existe pas, parce que si les citoyens doivent prêter obéissance aux autorités qui représentent *la volonté générale,* ils ne peuvent leur opposer une résistance, ni active, ni passive, sans être en contradiction avec eux-mêmes, en s'érigeant juges *dans leur propre cause* devant le tribunal qu'ils se sont eux-mêmes constitué. — Le devoir *positif* de l'obéissance exclut absolument le droit *présumé* d'imposer au gouvernement sa volonté par la force.

Mais on dira :—Et si le gouvernement viole les lois fondamentales du pays, les citoyens seront-ils toujours tenus à s'y soumettre? Pour constituer un droit, il faut toujours supposer une *autorité* qui puisse, dans le cas de contestation, déclarer son existence et son applicabilité : or, qui décidera, dans une société politique, l'existence et l'applicabilité du droit de résistance aux lois émanées de l'autorité établie? Dans le cas d'une lutte entre le pouvoir et les masses, il n'y a, et ne peut y avoir d'autre juge que la fraction sociale qui gouverne, et la fraction sociale gouvernée : les deux parties intéressées elles-mêmes. — Or, il est juste, il est rationnel que celle des deux parties qui est investie du pouvoir, doive, *en principe*, faire prévaloir sa volonté sur celle qui a le devoir de l'obéissance.

On nous dira, qu'en soutenant une telle thèse, nous rendons légalement impossible toute révolution appuyée par la force, et que d'après nos principes, nous ne devrions pas reconnaître l'existence légitime d'une société politique, où la révolution aurait établi le pouvoir. — Il n'en est pas ainsi : quoique nous pensions que toute société politique possède en elle-même les élémens nécessaires pour maintenir ses droits devant le pouvoir par des moyens moraux sans recours à la force.

Nous admettons que des circonstances exceptionnelles puissent se présenter, dans lesquelles le droit de *résistance* soit considéré légitime. — C'est lorsque le pouvoir concentrant en lui-même les intérêts nationaux se présente devant la société tout entière comme un parti politique tout-à-fait isolé, se rapportant tout, et se plaçant en hostilité permanente contre le bien-être et les droits légalement reconnus du corps moral, dont il n'est que le représentant, le centre et l'interprète. — Nous concevons le droit de résistance; nous ne concevons pas le droit d'aggression en matière politique, et ce n'est qu'à la dernière extrémité que les masses sociales, aussi bien que les individus dans le droit de nature, peuvent recourir à la force pour conserver cette indépendance, à laquelle les hommes vivant en société n'ont jamais pu renoncer sans abdiquer la dignité d'êtres intelligens et sensibles.

La révolution, en conséquence, ne peut jamais se manifester ni s'exercer comme un droit *à priori*; mais une révolution passée à l'état de fait accompli peut constituer un droit à l'avenir, puisque c'est dans la nécessité des choses politiques, que la possession de fait puisse représenter le droit par une raison de nécessité sociale; que, comme il n'y a pas pour les masses une conviction morale absolue à la portée de tout le monde, on est forcé de s'appuyer sur le fait, qui ne peut jamais être une source de doute pour personne. — C'est une base sur laquelle il faut que l'on s'appuie pour la tranquillité publique, qui est la loi suprême de l'État, et autour de laquelle on se rallie pour empêcher que les plus chers intérêts nationaux flottent au hasard des doutes et des incertitudes de la raison individuelle.

Nous nous écarterions trop du sujet qui nous occupe, si nous voulions traiter à fond cette question délicate et épineuse du droit d'insurrection ; qu'il nous suffise de dire, sommairement, qu'une fois que l'on abandonne le principe de la morale universelle, *il n'est jamais permis de s'insurger contre les puissances supérieures* (1), il n'y a plus de solution possible en théorie générale, et il faut considérer chaque spécialité pour porter un jugement conforme à *l'axiome de la nécessité politique.* — Cela est si vrai que l'on a beaucoup disputé sur le droit d'insurrection, sans qu'on ait jamais pu parvenir à s'entendre; preuve évidente qu'il n'existe pas, puisqu'il n'est pas universellement reconnu. — Il faut donc s'arrêter aux faits accomplis et sanctionnés par le concours moral de la grande pluralité, qui constitue le droit de nécessité politique, et auquel tout citoyen est tenu de se conformer, sous peine

---

(1) *Epître de saint Paul aux Romains,* chap. 13, ver. 1—8.

de voir la société rejetée dans un état d'anarchie permanente. — En remontant aux sources primitives des traditions historiques, vous trouverez des faits érigés en droits, et comme tels, légués aux générations successives. —Et, s'il vous prenait le caprice de demander au pouvoir ses titres, vous seriez bientôt arrêté dans votre marche par le chérubin *armé du glaive*, qui défend l'entrée des archives nationales.

Nous avons prouvé plus haut que la révolte militaire en Espagne a déployé le drapeau de Marie Christine.—Or, que veut-elle faire en Espagne? quel y sera son rôle? quelle y sera sa devise?

Veut-elle recouvrer la régence?—Mais elle l'a abdiquée à Valence; elle s'en est dessaisie à Marseille. Elle y a donc renoncé, non pas de bon gré, car on ne renonce pas de bon gré au pouvoir; mais librement, sans violence, parce que là où il y a choix, il n'y a pas de violence. — Si entre deux maux, elle a choisi le moindre d'après sa conscience, elle n'a plus le droit de revenir sur son choix, et surtout d'y revenir par la force.

Marie Christine n'a pas voulu conserver la régence à des conditions honorables, puisqu'il ne s'agissait que de suspendre par son *veto* royal des mesures politiques contraires aux anciennes institutions, et aux vieilles habitudes de l'Espagne, nous voulons parler de la loi sur les municipalités, ayuntamientos, qui dans un pays où l'autorité municipale a toujours été fortement constituée et très-puissante, n'était autre chose qu'un coup d'état pour opérer dans les mains du pouvoir une concentration écrasante pour des sympathies nationales si profondément enracinées, qu'elles ne pouvaient être extirpées à coups de plume. Cette loi modelée sur un type étranger que l'on connaît, ne pouvait nullement s'accorder avec les mœurs actuelles de l'Espagne. — Cela est si vrai, que cette loi n'a été emportée que comme d'assaut par une faible majorité et par des cortès élues sous de tristes influences, que nos politiques ont l'habitude de trouver fort méprisables en Angleterre, mais qu'ils laissaient passer outre en Espagne, parce qu'elles avaient amené au pouvoir un parti qui a leurs sympathies ; — mais il n'était ni national ni populaire en Espagne, contrée où les plantes exotiques ne prennent pas racine, comme l'histoire en fait foi depuis le temps des Maures jusqu'à une époque qui date de ce siècle. — L'Espagne est un pays aux traits larges et rudes qui ne veut être et ne sera jamais gouverné à la française ou à l'anglaise, puisqu'on ne réussit pas même à le gouverner à *l'espagnole*. — Marie Christine n'a pas voulu céder aux exigences nationales ; elle a été forte contre les cris poussés de tous les coins de l'Espagne : nous admirons son courage, nous respectons la loyauté de sa conscience, qui a cédé le pouvoir plutôt que de renoncer à ses convictions ; elle a choisi une décision honorable, qu'elle y persiste. — Aujourd'hui, elle n'a plus le droit de vouloir s'imposer de nouveau au pays ; espère-t-elle être plus forte que lorsqu'elle brillait de tout l'éclat de sa couronne ?

Sans doute l'Espagne doit beaucoup à Marie Christine ; sa régence n'a pas été sans gloire. Sous ses auspices, le carlisme a été obligé de déposer les armes et de se rallier à la cause nationale, ou de fuir avec son roi sur une terre étrangère. — Elle a su, à plusieurs reprises, montrer de la fermeté et du courage ; son front a brillé par la dignité, et son cœur s'est honoré de la plus belle et de la plus noble vertu des princes, la clémence. — Dans la longue et pénible lutte que l'Espagne engagea avec le despotisme monacal des carlistes et l'anarchie révolutionnaire des démagogues, Christine a été parfois admirable. Certes, elle aura une belle page dans l'histoire. — Mais elle n'a pas su comprendre les besoins et les tendances de l'époque. — Marchant à la tête d'une révolution qui avait ébranlé les lois fondamentales, qui depuis plus d'un siècle régissaient l'Espagne, elle voulut empiéter sur sa course fougueuse, et au lieu d'en modérer les tendances libérales, elle octroya à son peuple l'*Estatuto Real*, qui sanctionna le système du despotisme éclairé, dont Zea Bermudez fut le champion et le chef. — Le courant l'a entraînée. De concession en concession, revenant brusquement de la faiblesse à la résistance, elle s'est en vain efforcée de rallier autour d'elle, l'un après l'autre, les partis politiques qui se disputaient le pouvoir en Espagne, et elle les a tous usés sans parvenir à se constituer une majorité constitutionnelle assez forte pour représenter véritablement la grande majorité nationale et gouverner avec son aide sans résistance. — Il lui est rarivé ce qui arrive à tous ceux qui s'emparent des révolutions politiques, pour en faire, dans leurs mains, des instrumens de puissance. Ils veulent substituer les personnes aux principes ; mais si la Providence ne les a pas doués d'une de ces natures énergiques et fortement trempées qui, au milieu des vents et des orages savent, dominer la tempête d'une voix puissante, le sceptre du pouvoir se brise dans leurs mains, et ils tombent.

Christine a vu tour à tour se briser les ressorts d'une puissance qui n'était pas fondée sur la volonté générale : n'ayant pu se créer sur les marches de son trône une force nationale, elle s'est trop souvent entourée de coteries et de camarillas, qui ont fini par la perdre. — Si, au lieu de se laisser traîner à la remorque de suggestions et d'utopies étrangères, elle eût franchement traité avec l'Espagne

libérale, elle aurait pu consolider son pouvoir; et si elle
n'avait pas trop énervé l'énergie de son âme dans la résistance, elle n'aurait pas succombé aux attaques.—Adop-
tant les principes politiques proclamés par les constitu-
tions de 1812 et 1837, qui représentent les vœux et les tendances de la grande majorité nationale, et transigeant cor-
dialement avec ces principes, l'absolutisme et la démagogie
auraient cédé la place aux idées libérales, qui seules peuvent reconstituer l'Espagne sur une base solide. — On a
vu que le drapeau du juste-milieu, que Marie Christine
se flattait de planter en Espagne, était un arbre trans-
planté sur une terre étrangère : au premier rayon du
soleil, il s'y est desséché et a péri.—Toutes ces nuances,
depuis Zea Bermudez et Toreno, jusqu'à Isturitz et Perez
de Castro, se sont successivement effacées : l'Espagne a
voulu prouver que son dernier mot était la monarchie
constitutionnelle fondée sur de larges bases municipales.
Il n'y a peut-être pas un pays au monde où la liberté individuelle soit plus fortement sentie qu'en Espagne : faute
d'avoir su comprendre cette vérité nationale, Marie Christine a échoué dans tous ses reviremens politiques. — En
Espagne moins qu'ailleurs peut-on faire servir les indivi-
dualités aux systèmes qui centralisent le pouvoir pour le
faire agir ensuite sur tous les rayons de la sphère politique. — La municipalité, ou, si vous voulez mieux, la
localité, est tout en Espagne : tout gouvernement qui
cherche sa base d'action en dehors de cette puissance politique, ne peut subsister dans un pays où, pour bien gouverner, il faut laisser gouverner le plus possible. — Il n'y
aurait que le despotisme qui pût parfois dompter ces âmes
fières d'une indépendance individuelle séculaire; mais le
despotisme n'est plus dans les mœurs de l'époque, et, nous
l'avons vu dans la guerre civile des provinces basques,

Don Carlos ne rallia ses bandes, qu'autant qu'il voulut bien établir sa toute-puissance sur les libertés provinciales. — Marie Christine, ne pouvant fonder ses espérances que sur le parti des *modérés*, qui a pour devise une centralisation du pouvoir incompatible avec les traditions historiques, les penchans nationaux, et même la configuration géographique de l'Espagne, ne pourra jamais soutenir une lutte victorieuse contre ces élémens contraires à toute fusion générale et permanente. — Comme de rigueur, elle promet les fueros aux *provinces basques ;* mais qu'est-ce que cela fait à l'*Espagne ?* Marie Christine, à qui on ne peut certes refuser l'hommage dû à ces grandes qualités qui honorent sa royale personne, ne peut pas être considérée comme un personnage politique assez influent pour rallier autour d'elle, dans une majorité gouvernementale, les débris des fractions politiques qui ont jadis appuyé son pouvoir, et qui se sont si souvent dissous devant toute manifestation énergique de la volonté nationale. — Les conseillers de sa couronne, qui ont parfois exploité sa belle âme au profit d'intérêts personnels et d'utopies étrangères, ne lui laisseraient pas faire les premiers pas sur la terre d'Espagne sans la pousser à une réaction formidable contre le parti libéral qui la gouverne. — Une restauration en Espagne ; nous savons ce que c'est, après 1812 et 1823 : le pouvoir ressaisi est toujours violent et despotique ; et plus la conscience du droit est forte, plus la réaction est funeste.—Nous aimons à croire, et l'expérience des choses passées nous en serait garante, peut-être, nous aimons à croire, disons-nous, que Marie Christine aurait assez de dignité et de force pour *vouloir* modérer les velléités de ses amis politiques ; mais le *pourrait-elle ?*

Voilà quel serait le résultat probable de la réinstallation

de Marie Christine à la régence d'Espagne. — Cherche-t-elle à reprendre la tutelle de la jeune reine ? — Mais que serait la tutelle sans la régence ? La supposition en serait absurde. — Marie Christine ne pourrait jouer le second rôle en Espagne. — En vérité, si elle n'a pas protesté contre l'abdication de la régence, elle a protesté contre la décision des cortès qui lui enlevait la tutelle.—Cependant la tutelle pouvait-elle lui être confiée pendant son absence ? Une charge tout-à-fait personnelle peut-elle être exercée, d'après le droit et la raison, dans l'éloignement des personnes ? C'est par un motif parfaitement légitime, qu'à l'abdication de la régence a dû succéder la perte de la tutelle. Nous ne voulons pas ici soulever le voile qui couvre des affections domestiques, que nous croyons légitimes et honorables ; et nous nous dispenserons de discuter si, par d'autres motifs puisés dans la loi explicite de la constitution de 1837, les cortès ont pu reconnaître que la position sociale de l'ex-régente lui avait fait perdre la tutelle. — L'absence est pour nous le souverain motif qui devait la priver de cette attribution personnelle.

Du reste, si nous voulons nous en rapporter aux proclamations d'O'Donnell, c'est de la régence qu'il s'agit, et la tutelle y est traînée à la suite. — « La reine gouver-» nante, dit-il, à qui la trahison d'un ambitieux *arracha* » *pour un temps la régence*, revient en Espagne pour récla-» mer le dépôt sacré que la patrie lui avait confié par » l'organe des cortès constituantes. » —C'est la régence et la tutelle que l'on réclame. — Après une abdication aussi formelle que celle de Valence, Marie Christine pour reprendre la position politique qu'elle avait perdue de son fait, n'avait d'autre moyen que de recourir à la sédition et à la révolte, c'est ce qu'elle vient de tenter par une levée de boucliers en Navarre.

Avant de dire ce que nous pensons sur la légalité et l'opportunité de cette nouvelle insurrection militaire, voyons d'abord quel est le gouvernement *de facto* qu'on veut renverser par la sédition et par la révolte, par la violence et par la guerre civile. — Pour arriver plus vite à épuiser ce sujet, nous nous attacherons à examiner les griefs qui sont élevés contre le gouvernement actuel qui régit l'Espagne dans les proclamations du chef de la révolte.

En lisant ces proclamations, on est frappé d'une anomalie vraiment singulière. —Comment? on attaque personnellement le chef du pouvoir exécutif, et on ne parle même pas de l'assemblée souveraine qui représente la puissance nationale, si ce n'est peut-être par la désignation on ne peut plus constitutionnelle : *de ce que la révolution produisit de plus immonde.* — Cependant les hommes qui tirent l'épée au nom de la religion et des lois, n'auraient pas dû oublier qu'Espartero aussi a été revêtu de la régence par le vote d'une assemblée nationale.

Mais qu'est-ce donc que cet Espartero qu'on s'attache à déchirer de la sorte? — C'est le régent du royaume, proclamé par des cortès légalement convoquées, légalement élues, légalement constituées, et légalement délibérantes : c'est le pouvoir exécutif reconnu par la suprême puissance législative. — Eh bien, on commence par avancer que cet homme, allié à ce que la révolution produisit de plus immonde, a voulu se substituer à l'illustre Christine. — On entasse injures sur injures, outrages sur outrages contre le chef suprême de l'Etat et le représentant, en outre, de la souveraine assemblée constitutionnelle.— On lui impute une odieuse tyrannie. — Mais quels sont, s'il vous plaît, les actes de cette odieuse tyrannie? Et cependant le plus saillant, peut-être, est un acte de clémence, c'est une amnistie politique, c'est le rappel des Espagnols qui ont porté les armes contre leur patrie sous le drapeau de l'inquisition et du despotisme des soldats et des moines. Les proclamations que nous avons citées ne nous disent pas, mais la presse quotidienne française n'oublie pas de nous dérouler, avec une complaisance indicible, toutes les iniquités et les infamies d'Espartero, depuis qu'il naquit un fils au charron de Granatula, jusqu'au jour où il est parvenu à la régence d'un des plus nobles royaumes de l'Europe. — Les menées et les intrigues qu'on attribue à Espartero pour parvenir au commandement en chef des armées espagnoles, et pour arriver ensuite à la première dignité de l'Etat, si elles étaient vraies, nous prouveraient tout autre chose que la profonde incapacité politique dont ses adversaires lui font une auréole de gloire. — Ils sont pourtant en contradiction flagrante avec eux-mêmes, s'ils n'abandonnent leur système d'accusation permanente.—Nous n'avons jamais lu dans l'histoire que les hommes d'une inhabileté manifeste aient jamais réussi à se créer une position éminente, parmi les génies et les talens qui, dans les crises politiques, ne manquent pas de se présenter dans la lutte pour atteindre la sommité du pouvoir. — Ce serait un phénomène totalement inexplicable, qu'un homme comme Espartero, s'élevant des plus bas degrés de la classe populaire jusqu'au rang des princes et des rois, parmi les obstacles de toute nature, que la haine, la rivalité et les talens même de ses adversaires lui ont opposés de toutes parts, puisse être un personnage ordinaire, agissant dans la sphère d'une médiocrité détestable.—On peut dénigrer sa vie par des accusations fondées ou calomnieuses. Pour accuser, il n'est pas besoin qu'on raisonne : l'envie et la haine servent aussi bien que la raison et la justice.—

Mais méconnaître l'habileté d'un homme qui a su dominer et maintenir une des positions les plus délicates et les
plus difficiles de l'époque : voilà ce qui nous paraît impossible, par cela seul que c'est absurde.

Quel est donc le prestige qui a mené cet homme remarquable, au milieu des épées et des lances, depuis cette
nuit terrible de Luchana, où, pour la première fois, la
trompette guerrière annonça devant Bilbao la défaite des
carlistes, à travers le combat de Peñacerrada, dans les
plaines de Navarre, à Ramalès et Guardamino, et devant
Morella ; en deçà et au delà de l'Ebre, et parmi les chants
de victoire et de paix qui ont fait tomber les armes frati-
cides dans les champs de Bergara,—jusqu'aux marches
du trône? Quel est donc le prestige qui le sauva au milieu
des troupes indisciplinées en Navare, lorsqu'il n'hésita
pas à raffermir la loi militaire lâchement violée par le
massacre de plusieurs chefs et généraux, et en se plaçant
au centre de ces bataillons tumultueux et rebelles, fit
passer par les armes les plus coupables, au silence impo-
sant et solennel d'une armée tout entière, qui assista
sans murmures, à l'exécution d'une justice militaire?

Nous ne le dissimulons pas, — chez les hommes auxquels la fortune est restée fidèle dans leur marche rapide
et insolite, et qui se maintiennent debout, pendant que
de graves événemens s'opèrent dans le pays, au milieu
d'une crise politique, nous sommes portés à respecter une
sorte d'impulsion providentielle, qui, à leur insu, les
pousse à de grandes destinées, et lie leur existence politique à la vie des peuples, qu'ils ont été appelés à gouverner et à défendre. — Nous respectons la haute et irrécusable influence qu'ils exercent, et nous sommes habitués
à croire que leur destinée se rattache par trop à la natio-
nalité qu'ils reconstituent ou qu'ils dirigent, pour que

la fortune les abandonne, avant que leur mission histo-
rique s'accomplisse.

Depuis plusieurs années nous avons vu le général Espartero figurer par une domination énergique dans toutes
les mutations civiles et les crises militaires qui se sont
succédé avec tant de rapidité en Espagne; il a triomphé
de toutes les rivalités et de tous les obstacles, et *s'il ne
règne pas, il gouverne.* — Après une guerre civile longuement disputée, et terminée sous l'influence d'un seul
homme, certes l'épée doit peser pour quelque chose
dans la balance politique, et le chef heureux qui termina
la lutte, ne peut manquer d'être le personnage le plus
influent de l'époque. — Ajoutez à cela, que ce chef a pour
devise la royauté constitutionnelle, et la loi organique
universellement populaire—Isabelle II et la constitution
de 1837,—et il ne vous sera pas difficile de trouver l'ex-
plication du fait de la régence d'Espartero, non pas, comme
disent ses adversaire, dans ses trahisons, dans ses menées
et dans ses intrigues, mais dans l'art profondément habile avec lequel il a dirigé les événemens, et dans les nécessités de la situation nationale.

Vous nous parlez toujours du pouvoir d'Espartero,
comme étant la conséquence d'une révolte militaire; mais
quel est le sang que cette révolte a répandu? pas une seule
goutte.—La révolution,—si c'en est une et nous en doutons fort, parce qu'elle n'aurait changé ni le pouvoir ni la
loi organique,—a donc été purement et simplement nationale, puisqu'elle s'est accomplie sans résistance. Elle a
été appuyée et dirigée par le concours de toutes les autorités municipales du royaume; elle a été accomplie, non,
par le changement d'une dynastie ou d'une loi organique,
mais par l'abdication et le changement non pas de la
royauté, mais d'une magistrature suprême, appelée à la

représenter pendant son incapacité politique; et elle s'est
légitimée, si besoin était, non par le pouvoir de l'épée,
mais par l'assentiment des cortès siégeant d'après les lois
du royaume.

On nous dit que c'est le despotisme militaire qui main-
tenant règne et gouverne en Espagne; mais cette objec-
tion n'est pas bien grave, dans le cas même où elle fût
sérieuse.—Si Espartero est un despote militaire, comment
se fait-il que peu de mois après l'extinction de la guerre
civile, il licencie une grande partie de l'armée; il réduise
la garde royale, et mécontente les prétentions militaires,
par une mesure réclamée dans l'intérêt du pays et du
peuple? Si cela s'appelle despotisme militaire, nous verrions Espartero agir tout autrement que ne l'ont fait les
despotes les plus habiles, dont nous parle l'histoire.

Vous voyez qu'O'donnell l'appelle *ingrat envers l'armée
dont il n'épargna pas le sang pour s'élever*; au dire de ses adversaires mêmes, ce n'est donc pas sur la faveur de l'armée que ce despotisme se fonde.—On en a eu une preuve
éclatante dans les derniers troubles qui ont ensanglanté à
Madrid la demeure royale, où les ravisseurs nocturnes
commandés par Léon, Concha et Pezuela ont amené au
combat ce même régiment de la princesse, l'un des plus
dévoués à Espartero.

Cet homme *incapable de gouverner la nation et faible en face
de l'étranger*, est pourtant ce même Espartero qui, après
avoir détruit le plus formidable ennemi de l'Espagne, le
carlisme, par sa bravoure personnelle que ses ennemis
mêmes ne lui contestent pas, et par sa tactique prudente et
habile, a fait jouir l'Espagne pendant une année entière
d'une paix et d'une tranquillité générales jusqu'alors in-
connues, après sept ans de calamité et de guerre, d'incendies, de ravages et de meurtres.—Et cette paix, notez-

le bien, n'a été interrompue que par le parjure, la sédition et la révolte militaire qui ont débuté par la dévastation d'une des plus nobles villes du royaume, et par une des scènes les plus tristes et les plus lugubres qui aient profané la majesté d'une résidence royale.

Nous ne voulons nullement faire peser la responsabilité de cet attentat sur ceux qui n'ont pas été acteurs dans cet ignoble épisode d'un drame militaire.—Mais ceux qui déchaînent les fureurs de la révolte et de la guerre civile, ceux qui lancent le brandon de la discorde, doivent n'imputer qu'à eux-mêmes si l'histoire, un jour, marque leur nom de l'infamie des actes qui se sont commis dans leur cause : parce qu'ils ont oublié qu'il est bien plus facile d'allumer un incendie que de l'éteindre, et que la volonté qui a lâché le trait est impuissante à l'arrêter dans sa course.

On nous dit qu'Espartero est faible en face de l'étranger, et le plus grand acte de faiblesse qu'on lui reproche, c'est d'avoir laissé fouler aux pieds le drapeau national à Carthagène. — Faible contre l'étranger! Est-ce par hasard la France, envers laquelle il a montré sa faiblesse? Mais ses adversaires nous veulent faire croire qu'Espartero ne rêve qu'à braver cette puissance dans toutes les occasions qui se présentent.—Est-ce l'Angleterre? Mais l'Angleterre, qui passe pour être dans les bonnes grâces du régent, l'Angleterre, qui a toujours été pour la révolution espagnole la plus fidèle alliée, n'a pas encore pu obtenir de lui le traité de commerce que depuis long-temps elle convoite, l'Angleterre a vu sa contrebande poursuivie sur les côtes de Catalogne et de Valence; et ce qui est encore plus remarquable, cette même puissance s'est vu refuser par l'Espagne la cession des deux îles Fernando-Po et Annobon, qui devaient lui assurer le commerce de l'intérieur de l'Afrique ? Si cela s'appelle faiblesse, et si la misérable affaire de Carthagène en est une, que dirons-nous de ces diplomaties puissantes et habiles qui, pour l'amour de la paix, cèdent à des exigences étrangères, qui auraient jadis reçu la réponse du glaive ?

Mais il y a une autre question bien plus vitale pour l'Espagne dans ses rapports avec les puissances étrangères, sur laquelle il paraît qu'Espartero a su mettre en première ligne l'indépendance et la dignité nationales. — Nous voulons dire le choix du prince à qui l'Espagne devra les successeurs au trône d'Isabelle II. De tous les prétendans qui se présentent à la main d'Isabelle, Espartero a bien compris comment il fallait reconstituer cette nouvelle dynastie, et où il fallait choisir le royal époux qui pût défendre les principes politiques de cette Espagne nouvelle. — Une alliance avec la famille de don Carlos, d'après les principes ultra-dynastiques de ce prince, était devenue impossible depuis que le carlisme avait été vaincu comme parti politique, et s'était retiré devant la royauté constitutionnellement établie. — Si le prince des Asturies avait été proclamé roi des Espagnes et des Indes par son mariage avec Isabelle, à quoi bon sept années de guerre civile pour soutenir l'ancienne loi fondamentale du royaume, par laquelle Ferdinand d'Arragon et *Isabelle de Castille* avaient porté le sceptre glorieux des rois catholiques.

Il fallait chercher une autre alliance en dehors du carlisme, ou parmi les dynasties étrangères ; — mais, où en trouver une qui ne mît pas en danger l'indépendance de la souveraineté nationale ? L'Allemagne, riche en petits princes comme en petites princesses, aurait accueilli avec enthousiasme la mission de perpétuer la race royale en Espagne : cette alliance aurait été appuyée par les puissances du Nord et aurait eu probablement l'assentiment de l'Angleterre; mais l'Espagne fût, tôt ou tard, retombée sous l'influence de cet absolutisme qu'elle avait eu tant de peine à exiler de son sol avec les dernières bandes carlistes.

Ceux qui rêvent les alliances des peuples par les alliances royales (nous ne disons pas s'ils ont raison ou s'ils ont tort) avaient beaucoup applaudi à un projet d'alliance entre deux familles, dans les veines desquelles coule le même sang dynastique. — Mais, outre que ce projet aurait rencontré des difficultés diplomatiques, selon nous insurmontables, aurait-il obtenu la sanction du vœu populaire en Espagne? Nous en doutons fort, si nous en devons croire à des instincts nationaux, qui sont d'autant plus profonds qu'ils puisent leur force dans les traditions historiques. D'ailleurs, ce qui aurait rendu l'exécution de ce plan encore plus impopulaire, c'est qu'il aurait eu pour résultat définitif et inévitable d'introduire dans les affaires intérieures du pays une haute influence étrangère, d'autant plus formidable qu'elle aurait été moins apparente, et d'y faire prévaloir un système politique nullement en harmonie avec les idées d'un peuple dont le caractère prononcé pour les extrêmes est un des plus saillans de l'époque. — Le juste-milieu, regardé comme système politique, serait sans forme, sans couleur et sans force en Espagne; il n'y ferait que représenter une idéalité appuyée sur la négation des instincts et des principes nationaux. La simple exposition des tendances et des besoins de l'Espagne, que nous avons faite en parlant des événemens qui ont amené l'abdication de Marie Christine, doit suffire pour prouver à tout esprit consciencieux et impartial, que ce système qui veut tout fondre et tout concentrer ne pourra jamais convenir à l'Espagne, la terre classique de l'indépendance locale et de l'énergie individuelle.

Espartero nous a donc montré qu'il avait su reconnaître le moyen le plus national et le plus politique, pour établir la nouvelle dynastie constitutionnelle et pour sauver l'indépendance de l'Espagne. — C'est le projet favori d'Espartero, que le mariage de la reine Isabelle avec le duc de Cadix, fils aîné de l'infant don Francisco de Paula.

C'est être bien faible envers l'étranger, que de résister à ses intérêts et à ses exigences !!

On a reproché à Espartero d'avoir autorisé, au sein de l'Espagne *scandalisée*, les actes les *plus despotiques* et les *plus immoraux*.

Quant aux actes despotiques, nous n'en connaissons guère : parce que pour les actes ayant une portée législative, tous ont été sanctionnés par les cortès, et pour les actes procédant du pouvoir exécutif, nous ne saurions penser qu'on puisse faire allusion à d'autres actes, si ce n'est peut-être à quelques répressions exercées contre des journaux professant des doctrines anarchiques et subversives.—Il semblerait que, sous la désignation d'actes immoraux, O'Donnell ait voulu faire allusion à la vente des biens du clergé, considérés comme domaine national, et à la punition infligée à quelques prêtres séditieux qui s'étaient insurgés contre le pouvoir séculier. — Or, ce sont des actes *despotiques et immoraux*, qui ne sont pas du tout de la création exclusive d'Espartero ; les poursuites contre la presse, la vente des biens du clergé et la répression de prêtres rebelles au précepte évangélique de l'obéissance aux puissances supérieures, étant des faits qui se reproduisent assez souvent parmi d'autres peuples et en d'autres sociétés politiques, sans avoir pour cela scandalisé personne. — Les accusateurs d'Espartero devraient bien nous dire s'ils pourraient, en conscience, jeter la première pierre, si cependant les actes qu'on appelle despotiques et immoraux en Espagne ne le sont pas de même hors d'Espagne, et partout ailleurs où l'on a senti la nécessité politique de faire rentrer et maintenir la presse et le clergé dans les limites d'une liberté exempte d'anarchie, de sédition et de licence. Quant à la vente des biens du clergé, c'est une mesure législative adoptée par les cortès, et dont elles seules, et non pas Espartero, sont responsables. — Une telle mesure, du reste, ne saurait être attaquée que par les amis et les défenseurs des priviléges, et d'une puissance territoriale illimitée dans les mains du clergé séculier et régulier, dont on abusait au détriment de la paix, des libertés et d'une juste distribution des richesses nationales. — Le clergé espagnol, moins que tout autre, a le droit de se plaindre des actes de répression exercés envers lui par le pouvoir constitutionnel du royaume. — C'est à lui, organe et ministre d'un Dieu de paix et de justice, que l'Espagne doit en grande partie la prolongation de la guerre civile et de ses suites funestes, par l'impulsion des conseillers épiscopaux de la cour monastique de don Carlos ; c'est à lui aussi que l'*Espagne scandalisée* peut demander compte des ravages, des incendies, des meurtres, et de tous *les actes immoraux* qui ont été commis par les hordes sauvages et barbares conduites par le curé Mérino, Tristany et autres chefs fanatiques qui ont souillé les fastes militaires d'un peuple qui fut souvent poussé à la révolte par ce même clergé, pour lequel O'Donnel réclame la conservation des priviléges et de la dignité attachée au culte de l'Eternel. — Or, la dignité du clergé doit briller aux marches de l'autel ; non pas parmi les haines des factions et sur les champs de bataille, mais dans la paix et dans la miséricorde.

Parmi les accusations que le chef de la révolte navar-
raire a osé porter contre le régent du royaume, la plus
grave et la plus outrageante est celle qui déclare que « *la vie*
» *même de la reine et celle de l'infante sa sœur sont en péril,*
» *et qu'il n'attend plus que du hasard l'occasion de renverser du*
» *trône de leurs aïeux les innocentes enfans qui gênent son am-*
bition. » — Heureusement, les événemens de la nuit du 7
au 8 octobre ont prouvé à qui, d'Espartero ou de ses accusateurs, était réservé de mettre en danger la vie sacrée d'une
reine.—Est-ce le régent *fourbe et despotique*, ou bien la mère
qui aime ses filles avec idolâtrie, qui a défendu la personne
royale contre des balles meurtrières ? Sont-ce les hallebardiers qu'on appelle les prétoriens d'Espartero, ou les
héros chevaleresques de Marie Christine, qui ont sauvé la
vie des innocentes enfans qui gênent l'ambition de cet
homme fourbe et traître ?

Si *le hasard* avait dû couronner les espérances fratricides d'Espartero, il en aurait été redevable au parti même
qui aurait dû défendre la vie de la reine au nom d'une
mère. Quant aux espérances criminelles qu'on attribue
à Espartero, nous ne savons pas si la calomnie s'est jamais montrée plus noire et plus impudente : où sont les
faits, quels sont au moins les soupçons et les indices qui
puissent appuyer une accusation si terrible contre la dignité, l'honneur et la loyauté du brave défenseur du
trône d'Isabelle II ? Certes, l'histoire nous pourrait dire
que ce n'est pas la première fois que les régens où les
vicaires d'un royaume, par la force ou par la ruse, sont
parvenus à poser la couronne sur leur tête. Les maires du
Palais dans l'ancienne France, Richard III en Angleterre,
et autres plus modernes et plus illutres, ont renversé
des trônes, et détrôné les rois dont ils prirent la place.
Mais ces subversions politiques avaient été préparées de

longue main, et s'accomplissaient sous des auspices qui n'étaient le secret de personne, amenées par des nécessités nationales. Quant à Espartero, nous défions de citer un seul acte qui puisse appuyer une accusation aussi infamante : jusque-là, nous pouvons soutenir que c'est sous l'aile d'un patriotisme grossier et pitoyable que l'honneur du chef suprême de l'Etat est foulé aux pieds pour un crime de félonie, que la justice sociale vengerait par le glaive du bourreau.

Mais de telles accusations ne nous étonnent pas de la part d'une faction politique qui elle-même a souillé par la violence et par le meurtre une demeure royale, et qui aurait enlevé une Reine à la paix du sommeil, si une poignée de braves, avec un courage et une fidélité héroïques, n'avaient défendu le seuil de cet asile, où une reine et la sœur d'une reine durent craindre, dans les prières et dans les larmes, que les balles homicides atteignissent leurs royales personnes. Qu'il nous soit permis de rendre un solennel hommage à cet acte rare de dévoûment et d'honneur militaires ; et puisse l'histoire raconter avec une noble satisfaction que les hallebardiers d'Espartero, les satellites du tyran, les séides du despote ont défendu la royauté d'Isabelle II. Parmi les parjures et les traîtres, on se console de rencontrer une conduite si digne, et tout homme, quel que soit le parti qu'il professe, doit dire : — honneur aux braves !

Nous avons voulu épuiser, l'une après l'autre, toutes les accusations prononcées contre le régent du royaume, parce qu'il nous importait beaucoup de faire voir jusqu'à quel point la rage des partis sait pousser ses attaques. Nous avons longuement parlé de Marie Christine et d'Espartero et des partis qu'ils représentent pour pouvoir mieux juger la lutte nouvelle qui vient de s'engager en

Espagne. — Nous avons plus longuement parlé d'Espartero, parce qu'étant le parti attaqué, nous jouions envers lui le rôle de la défense, pendant que pour Marie Christine l'accusation était notre rôle. — On nous dira que nous avons fait l'apologie d'Espartero, puisque nous n'avons pas porté sur lui notre censure ; mais nous n'étions pas descendus en lice pour juger Espartero et ses actes politiques. — La révolte l'avait attaqué comme chef du gouvernement établi : nous l'avons défendu, non pas pour lui-même, mais face à face avec les ennemis qui se sont levés pour sa perte. — Les fautes politiques qu'Espartero peut avoir commises, depuis qu'il est au pouvoir, ne sont pas de notre ressort : nous avions seulement à le juger pour les actes et les crimes qui lui sont imputés.

Il faut le dire : — la presse quotidienne a indigné tous les hommes impartiaux par sa polémique virulente sur les affaires d'Espagne. — Les champions incarnés de l'un et de l'autre parti se sont livré la bataille : elle menace d'être longue, mais non pas décisive. — Ce n'est pas par le cynisme des mensonges, ni par des calomnies audacieuses, que l'on pourra apprécier les faits avec la dignité que la presse doit à la société et à elle-même.

Qu'il nous soit donc permis de saisir cette circonstance pour nous élever avec l'indignation la plus profonde contre ce déplorable abus de la presse. — Nous devons flétrir de toute notre force cette manie inconcevable de s'attacher aux personnes avant de juger les choses, et de verser sur elles toutes sortes d'injures et d'outrages, comme si la violence de l'attaque était une preuve de sa justice. — Mais le langage de la vérité est calme et réservé. — Les journaux qui se permettent les outrages et les injures, et qui oublient le respect dû aux personnages politiques qui ont été ou sont investis du pouvoir, perdent tout droit à être respectés eux-mêmes. — Il faut avoir foulé aux pieds tous les sentimens de la délicatesse et de la décence, et le respect que tout homme, Français surtout, doit à la dignité d'une femme, pour se permettre les invectives et les sarcasmes qu'un journal de la gauche, qui, du reste, ne manque ni de talent ni d'esprit, lance chaque jour contre la reine Marie Christine, ou plutôt Madame Muñoz, comme il l'appelle. — Si les concussions, les rapines et les autres indignités, qu'il lui reproche et dont il l'accable, sans même affecter cette sorte de pitié que le malheur inspire, sont vrais et existent, pourquoi les propose-t-il sans indices et sans preuves ? S'il les suppose, c'est indigne. — Nous croyons cependant que lorsque la question politique ne peut pas espérer de s'éclairer à l'aide de cette polémique personnelle, ce qu'il y a de mieux à faire, c'est de garder le silence. — Si Marie Christine, comme le prétendent ses adversaires, s'est créé une fortune gigantesque en présence de la misère de son armée et de son peuple ; s'il est vrai qu'elle ait dépouillé les palais et les châteaux de la couronne de tout ce qu'il y avait de plus précieux, ce sont des torts, ce sont des crimes, sans doute, mais qui ne peuvent être avancés qu'autant qu'on en puisse fournir les preuves. — Mais jusque-là nous pourrons soutenir aux journaux, pour qui dire et prouver est la même chose, qu'ils mentent.

Si Marie Christine est maltraitée par les feuilles de la gauche, en revanche Espartero n'est certes pas épargné par une feuille conservatrice qui, dans la conscience peut-être de défendre assez souvent la bonne cause, se laisse, depuis quelque temps, entraîner aux saillies les plus mordantes et aux attaques les plus désespérées que jamais sa prudence ordinaire lui aient permises, contre Espartero et contre tous ceux qui ont le malheur inouï de ne pas penser comme elle. — Cependant elle ne devrait pas oublier que pour obtenir la modération que l'on prêche aux autres, il n'y a qu'un seul moyen, celui de la pratiquer soi-même. — Or, cette feuille, qui bien souvent n'épargne ni amis ni ennemis qui se trouvent sur ses pas, a adopté, à propos des affaires d'Espagne, un langage aussi violent et aussi rude, aussi dur et aussi impitoyable, que jamais les feuilles les plus radicales se soient permises. — Dans son animosité contre Espartero et le gouvernement actuel de l'Espagne, il n'y a pas d'épithètes assez outrageantes qui soient épargnées aux cortès et au régent du royaume. — On parle *de la force brutale, irrégulière et anarchique* qui s'est emparée du pouvoir : du gouvernement qui s'est *élevé par l'intrigue et par la violence :* des sicaires qui composaient jadis l'état-major d'Espartero : de l'ancien homme de confiance du sanguinaire Comte d'Espagne : tout ce que l'on fait, en un mot, est décoré de pareilles désignations outrageantes et grossières. — Si c'est de cette polémique *sage et honorable* que le journal conservateur fait profession de foi à tous ceux qui veulent bien l'entendre, nous n'avons rien à dire ; mais si c'est plutôt de la violence, comme c'en est une, nous avons perdu tout espoir que la presse puisse jamais prendre ce maintien calme et digne qui seul convient à ceux qui prétendent vouloir le bien public, lorsqu'on voit ceux qui se chargent du rôle de Catons politiques perdre leur gravité sentencieuse dans l'emploi de pareilles bassesses. — On nous dit qu'Espartero est l'ennemi acharné de la France, que la majorité des cortès espagnoles ne rêve contre nous que haine et vengeance, et que pour cela il est bien permis d'user de représailles. — Soit ;

mais si les actes du régent, des cortès et des ministres portent cette empreinte, comment se fait-il que le gouvernement français les supporte en silence? Comment se fait-il que tout récemment un ambassadeur français ait été accrédité auprès de cette *horde sauvage et immonde,* comme on veut bien appeler les ministres d'Espagne? Vous ne pouvez pas, vous, journal conservateur et ministériel, croire même à la vérité de ce que vous dites, sans accuser de faiblesse et d'inconséquence la conduite des hommes qui gouvernent la France, ou sans tomber dans l'absurdité la plus complète.

Nous aimons donc à croire que cette grande querelle internationale n'est tout au plus qu'une petite guerre de journaux sans autre conséquence que celle fort immorale de se faire gratuitement le plus grand mal possible. Si vous continuez de la sorte, vous ne serez jamais à même de prouver par des faits votre magnifique oracle de la profonde sympathie de la nation espagnole pour la France. — Non, vous ne le pourrez jamais sans avoir auparavant, par une conduite plus sage, comblé l'abîme que vous avez creusé par vos censures outrées et systématiques, qui ne font que froisser l'orgueil espagnol. — Au contraire, si vous vouliez bien regarder aux faits, vous trouveriez que depuis le commencement de ce siècle, le pouvoir qui a régi la France et ses organes de la presse n'ont manqué aucune circonstance pour faire détester la nation française à l'Espagne. — Nous citons un fait, nous ne le jugeons pas. — Depuis cette guerre funeste et impolitique, qui débuta par la déloyauté la plus insigne, se fortifia par des haines nationales, et ne finit que par la chute de celui qui l'avait provoquée; depuis que plus tard une armée française franchit les Pyrénées pour replacer sur le trône le despotisme qui avait terrifié l'Espagne, et qu'au nom d'un pays libre, et à l'ombre du drapeau d'une nation magnanime, on assista, armes au bras, à l'exécution des patriotes de l'Espagne, et on reconstitua la servitude; depuis que, dans ces dernières années, on a vu le carlisme appuyé dans ses premiers exploits par des menées sourdes et par de puissans secours qui provenaient de la France, et depuis que toute manifestation libérale en Espagne a été frappée de mort et d'anathème, quelle est la sympathie qui pourrait exister entre l'Espagne libérale et la France? Nonobstant les manifestations officielles de dévoûment et d'intérêt que la royauté de 1830 prodiguait à la reine Isabelle, nous avons tremblé plusieurs fois pour la cause de l'Espagne libérale. — Si le drapeau de l'inquisition et du despotisme n'a pas été planté à Madrid par don Carlos, l'Espagne ne le doit nullement à la France; elle ne le doit qu'à elle-même. — Les intérêts de la loi salique devaient disparaître par la force des choses devant les principes nationaux. Ainsi le voulaient les besoins de l'époque; mais la tentative n'en a pas moins été faite. — Laquelle des deux chances aurait été en définitive plus utile à la France? C'est une question que nous n'avons pas à résoudre. — Cependant nous ne voulons pas cacher notre opinion personnelle que le parti le plus noble et en même temps le plus utile aux intérêts nationaux de la France, était celui d'une intervention ou coopération franche et ouverte à la face de l'Europe pour l'établissement des idées libérales et du gouvernement constitutionnel en Espagne; et nous avons toujours pensé que l'homme d'état qui avait le mieux étudié et le mieux compris la bonne politique à suivre en Espagne, était celui qui voulait que la France prît dans ce pays une attitude ferme et une part active dans la répression de la guerre civile.

Cette politique généreuse et magnanime aurait apaisé les animosités nationales ; elle aurait prévenu la continuation d'une lutte si longue, et l'effusion d'autant de sang précieux au pays, et, par là, contribué puissamment aux progrès des forces morales et matérielles retardés et dissipés par la permanence du tumulte et du désordre. — Une intervention franche et loyale aurait réhabilité le nom français en Espagne, aurait étouffé dans un pays limitrophe à la France cet état de turbulence et de malaise qui fait de l'Espagne le foyer de révoltes périodiques ; et, ce qui est plus grave, la dignité de la France aurait grandi aux yeux de ses amis et de ses ennemis, par la libre manifestation de sa volonté.

Mais la politique de ne rien faire d'une part, et de tout laisser faire de l'autre, a prévalu dans le conseil des ministres, et jusqu'ici les faits n'ont pas encore prouvé que la politique adoptée fût la meilleure.

Après les principes que nous avons posés en fait de changemens politiques ; après ce que nous venons d'exposer sur la position réciproque du gouvernement actuel en Espagne, et du parti qui vient de rallumer la guerre civile, il est facile de voir quelle est notre opinion sur ce nouvel acte de révolte.

Nous l'avons déjà dit, nous n'admettons le droit d'insurrection pour personne, moins encore le droit d'insurrection militaire. — La révolte militaire nous paraît empreinte d'un caractère tellement en opposition avec la nature et le but de ce corps moral qui s'appelle l'armée, que nous la croyons frappée de réprobation et d'anathème de par le fait même de son existence. Si le soldat trahit aujourd'hui son chef, à plus forte raison le trahira-t-il demain : la violation primitive du devoir ne peut pas s'expier par des violations successives. — Que deviendraient les plus nobles attributs du métier des armes, la loyauté, la bravoure et la discipline? — Le soldat rebelle à la voix de ses chefs légitimes, peut être parfois *courageux ;* il n'est pas *brave*, puisque la loyauté n'est plus dans son cœur.

Le citoyen qui se révolte trahit un devoir politique ; le soldat qui se mutine trahit à la fois son devoir, un serment, son drapeau : il trahit l'honneur ! L'obéissance passive constitue tout le décalogue de l'armée : le soldat séditieux viole le double devoir de militaire et de citoyen : il est doublement coupable.

Quoi qu'on en dise, il est pourtant de fait que le gouvernement dont Espartero est le chef est un pouvoir établi et reconnu par les cortès, la suprême autorité nationale ; l'armée qui se révolte n'est qu'une fraction séditieuse du corps social ; elle ne peut jamais représenter une révolution politique. — Lorsque les frères d'armes se battent entre eux et contre les citoyens, la révolution qui en dérive, ayant violé tous les devoirs, n'est que le résultat de la trahison et du parjure. — Nous qui soutenons que la révolution ne peut constituer un droit de nécessité politique que lorsqu'elle est passée à l'état de fait accompli, parce que dans ce fait, comme conséquence, nous trouvons une sanction nationale implicite du droit, nous ne pouvons considérer l'insurrection navarraise que comme coupable et criminelle. — On nous dit qu'Espartero et le parti politique qui gouverne sont arrivés au pouvoir par l'insurrection et par la révolte, et qu'ils peuvent être renversés par le même mode qui les avait constitués. — Nous avons déjà prouvé que, selon nous, le gouvernement actuel en Espagne n'est ni plus ni moins légitime que l'ordre de choses établi par l'*Estatuto Real* et par la constitution de 1837 ; mais en supposant même qu'il en fût autrement, nous soutenons en principe le droit de fait contre le droit de révolte, et nous croyons expliquer nettement notre pensée en disant que les révolutions, en se renouvelant, s'éloignent toujours de plus en plus de la condition organique de toute société, la paix et l'ordre, en y substituant la guerre et le désordre. — Le but, selon nous, ne légitime les moyens que lorsque ceux-ci sont employés par une force exceptionnelle qui, une fois réalisée, se présente elle-même comme légitime.

Nous pouvons nous tromper dans nos principes, mais nous aimons encore mieux nous tromper en faveur de la paix et de l'ordre, que nous considérons comme le dogme de la nécessité politique.

Sous le gouvernement actuel, l'Espagne jouissait de la paix et de l'ordre, et, sans contestation, du meilleur état politique qu'on eût réussi à établir, après tant d'années de désordre. — Qu'est-ce que la révolte navarraise va faire en Espagne? quel est son but? Elle commence par exciter le désordre et rallumer la discorde au flambeau de la guerre civile; elle viole toutes les lois, pour rétablir leur empire; elle rejette le vaisseau de l'État au milieu de la tempête, lorsqu'il naviguait paisiblement vers le port.—Si le parti qui veut reprendre le pouvoir eût bien gouverné l'Espagne, nous lui dirions : vous trahissez en *bonne foi* la justice, mais la nécessité politique pourra vous absoudre. — Rien de tout cela. — Soyez justes, et dites-nous, de grâce, ce que l'Espagne peut espérer au-delà des globes de fumée et de flammes qui lui cachent la vue du soleil? — Combien de sang répandu, combien de trésors gaspillés, combien de bonheur dissipé, pour retomber dans l'antique détresse!

Nous le répétons, Espartero représente le pouvoir qui a le mieux régi l'Espagne, et qui s'est montré le plus en harmonie avec ses tendances nationales; nous ne voulons pas soutenir qu'il soit le meilleur possible, ni même qu'il soit à l'abri de tous les reproches, et qu'il ne soit à plusieurs égards censurable, mais vous serez obligés d'admettre qu'il est le moins mauvais, qui ait gouverné l'Espagne.

Nous combattons de toutes nos forces la commotion politique qui se manifeste en Espagne. — Le pouvoir y est assez ébranlé, pour qu'une secousse puisse lui donner de la force; pareil à l'arbre qui chancelle au souffle du nord, pour qu'il reste en vie et produise de bons fruits, on ne peut lui faire reprendre son équilibre par la secousse, mais par les appuis dont il manque.

Nous ne le dissimulons pas; nous faisons des vœux pour que le pouvoir d'Espartero s'affermisse. — En voici les raisons principales.

En droit : — Le pouvoir d'Espartero étant établi et reconnu d'après les lois fondamentales du royaume, la révolte navarraise étant une sédition militaire, le fait et le droit se trouvent du côté du gouvernement actuel de l'Espagne contre une faction criminelle.

En fait : — Le gouvernement *de facto* est le moins mauvais qui ait existé en Espagne.

Il représente les idées monarchiques et municipales qui conviennent le mieux à ce pays.

Le parti qui veut ressaisir le pouvoir n'inspire aucune confiance, puisqu'il a déjà échoué dans le régime du pays.

Les maux causés par la révolte et par la guerre civile ne sont jamais compensés par l'amélioration politique qui se présente comme une supposition purement éventuelle, sans aucune base dans les époques antérieures.

Nous disons donc que la révolte navarraise est jugée, étant sans droit, sans but, sans espérance.

Les crises politiques qui se succèdent avec une rapidité prodigieuse en Espagne, ont toujours attiré l'attention de l'Europe tout entière. — La rivalité des puissances y est descendue dans l'arène; les champions adversaires y ont rompu plusieurs fois leurs lances, et la victoire y est demeurée indécise; mais en Espagne on n'a pas lutté pour les intérêts de l'Espagne. — Malheur à elle, que ni les Pyrénées, ni les mers n'aient pu la sauver de hautes influences, qui aspirent à la dominer *pour elles et malgré elle!* — Sa destinée se rattache à de plus fortes volontés que la sienne. — Soit qu'on se dispute ses dépouilles politiques, soit qu'il s'agisse de ses dépouilles commerciales, c'est toujours la malheureuse Espagne qui succombe. — Il est temps qu'on fasse des vœux pour l'Espagne, *en Espagne.* — Ce peuple si fier de son indépendance, de sa loyauté et de sa bravoure, nous intéresse; nous aimons ses vertus, nous compatissons à ses vices, parce que les uns et les autres découlent de la même source : la dignité nationale. — Vous vous plaignez que l'Espagne n'arrive jamais à atteindre la tranquillité intérieure, et qu'elle soit une cause permanente d'inquiétude pour les nations qui l'approchent?

Mais êtes-vous bien innocens de tout ce qui se passe en Espagne?

On dira que nous avons parlé de la crise actuelle en Espagne, sans aucune relation avec les intérêts de la France; l'on se trompe. — Nous avons, il est vrai, traité de la question espagnole dans ses rapports nationaux; mais nous pensons qu'ainsi le veut la justice; avons-nous le droit de nous porter juges sur une question et dans une juridiction étrangères ?

Quant à la politique de la France envers l'Espagne, elle sera bonne quand elle sera loyale. — Or, pour être loyal, il faut aller droit devant soi. — Dans une lutte qui nous intéresse, il est dans la nature des choses qu'on préjuge pour une des parties ; mais il faut beaucoup moins de fermeté pour prendre un parti que pour n'en prendre aucun. Si on a assez de force pour maintenir une neutralité consciencieuse et impartiale, qu'on le fasse, mais qu'on le fasse en paroles et *en œuvres*. Mais qui pourrait reconnaître le *véritable* rôle de la France, lorsque ni ses amis, ni ses ennemis n'ont pu le reconnaître ?

Nous conjurons tous les hommes sages et éclairés, pour le bien de l'humanité qui doit être le but des âmes loyales et sensibles, de s'entendre pour que l'Espagne libérale recouvre toutes les sympathies de la France. — Si une diplomatie franche et loyale eût dirigé nos relations internationales avec la Péninsule hispanique, quel immense service on aurait rendu à la sainte cause des libertés politiques ! Si la presse, au lieu de s'épuiser en vaines diatribes, en sarcasmes, en dithyrambes, en animosités sans but et sans bornes, eût abordé nettement la discussion des affaires, évité les personnalités et les attaques, séparé dans l'appréciation des faits ce qui est l'abus des *hommes* de ce qui est l'abus des *principes* ; en un mot, si la presse eût suivi le beau précepte d'une morale sublime, mais trop méconnue : *Ne faites pas aux autres ce que vous ne voudriez pas qu'on vous fît*, nous verrions, à l'heure qu'il est régner la paix et la concorde, là où une terrible fatalité menace les maux qui devaient accabler un grand peuple ; ce qui faisait dire au prophète ces touchantes paroles : « O vous tous qui passez par le chemin, considérez, et voyez s'il y a une douleur semblable à la mienne. »

Nous avons parlé librement ; mais..... en vérité et en conscience.

Imprimerie de E. BRIÈRE, rue Sainte-Anne, 55.